Mi primera Escuela de dibujo

Mi primera
Escuela de dibujo

Aprende a dibujar paso a paso de forma fácil y divertida

Ute Ludwigsen-Kaiser

DRAC

Editora: Eva Domingo

Publicado por primera vez en Alemania por Christophorus Verlag GmbH, bajo el título: *Meine erste Zeichenschule*, de Ute Ludwigsen-Kaiser.

Marqués de Urquijo, 34. 28008 Madrid.
Tel: 91 559 98 32. Fax: 91 541 02 35.
E-mail: info@editorialeldrac.com
www.editorialeldrac.com

Ute Ludwigsen-Kaiser es profesora de dibujo natural y de pintura a la acuarela y al pastel. Desde hace 10 años, enseña a los niños a dibujar y pintar en su propia escuela.

Ilustraciones: Ute Ludwigsen-Kaiser
Cubierta: José María Alcoceba
Traducción: Cristina Rodríguez
Revisión técnica: M.ª José Unturbe

ISBN: 978-84-9874-488-0
Depósito legal: M-18.454-2015
Impreso en Artes Gráficas COFÁS
Impreso en España – *Printed in Spain*

A pesar de que la autora y los editores han puesto todos los medios a su alcance para que la información que contiene este libro sea la correcta, no garantizan los resultados ni se hacen responsables de cualquier consecuencia que pudiera producirse por el uso de la información contenida en este libro, al no controlar la elección de los materiales ni de los procesos de realización.

Índice

¡Hola!

Me llamo Pablo. Encantado de conocerte. ¡Me parece genial que quieras aprender a dibujar!
Fíjate en mí. ¿Hay algo que te llame la atención? ¡Exacto! ¡Me han dibujado con lápices de colores! Quien ha escrito este libro y realizado los dibujos ha sido Ute Ludwigsen-Kaiser, y de ese modo quiere enseñarte a pintar de un modo sencillo muchas otras cosas como, por ejemplo, animales, casas, flores y árboles. ¡Y por supuesto, yo la ayudo! Dibujar no es nada difícil, como a lo mejor puede parecer, porque existen las **formas básicas:** el círculo, el cuadrado y el triángulo. Más adelante, en el primer capítulo, Ute y yo te enseñaremos cómo se hacen. Después, cada capítulo trata de un tema diferente: animales, casas, figuras, flores y árboles y, por supuesto, coches. Empezamos siempre por lo más fácil. Seguro que lo conseguirás. Y ahora vamos a comenzar. ¡Dibujar es superdivertido!

Pablo

¡Empezamos!

¿Dibujar o pintar?

¿Conoces la diferencia entre ***dibujar*** *y* ***pintar?*** *Pon atención, te lo enseñaré.*

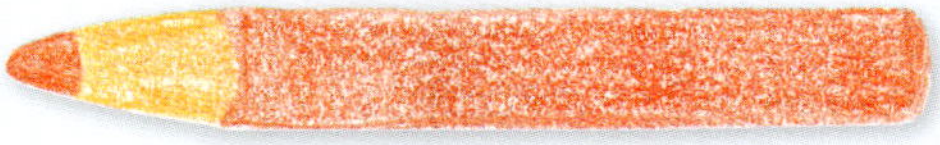

Para **dibujar** se utiliza un **lápiz,** pero también puede ser un lápiz de colores o un lápiz pastel.

Con el lápiz se pueden trazar **líneas** y también pintar **áreas** más amplias colocando las líneas muy juntas, de modo que no se vea el papel blanco entre las líneas.

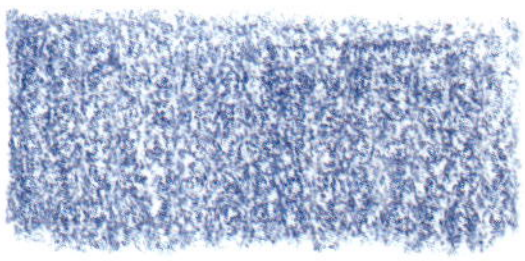

Las áreas también se pueden rellenar con estas líneas: a esto se le llama **sombrear.**

Para **pintar** se utiliza un pincel y pintura líquida como, por ejemplo, las pinturas acrílicas, que son fluidas, o las acuarelas, que se disuelven primero con agua.

Con un pincel también se pueden trazar **líneas,** aunque tienen un aspecto diferente que si se dibujan con el lápiz.

Es muy fácil pintar un área con un pincel bien impregnado de color.

Por último, te enseño
dos ilustraciones mías.
Una está dibujada y la otra pintada.

¡Ahora ya conoces la diferencia
entre dibujar y pintar!

Pablo dibujado con lápices de colores.

Pablo pintado con acuarelas.

Lápices y papel

Para dibujar se necesita papel. Un bloc de pintura es muy práctico, pero también sirven hojas sueltas. Te recomiendo que utilices un papel blanco, porque en él resaltan mejor los trazos del lápiz de grafito y de los lápices de colores.
Además se necesitan uno o dos lápices de grafito. Los hay con diferentes niveles de dureza. H es duro, B es blando y HB es medio. Para tus dibujos, lo ideal es un lápiz HB o B.

Y en el caso de que el dibujo salga mal, conviene tener siempre a mano una goma de borrar.
Además de con los lápices de grafito también se puede dibujar con otros lápices. Seguro que tienes en casa lápices de colores. Con ellos salen dibujos muy finos. Y se puede dibujar genial con los lápices de cera, aunque los trazos quedan más anchos.
¡Bien, prepara todo para que podamos empezar!

Formas básicas – ¡Sin ellas no funciona!

¡Qué cómodo! He encontrado un bonito lugar para poder descansar.
Estoy sentado sobre un **rectángulo,** tengo un **cuadrado** a mi espalda, puedo descansar la cabeza sobre un **triángulo** que se apoya sobre un **óvalo** y sujeto un **círculo** en las manos.

¿Qué es esto? Piensa un poco. ¡Eso es! Estas son las formas básicas de las que te he hablado antes. Te ayudan a componer cosas y a dibujar correctamente. Lo mejor es que cojas tu lápiz y dibujes las formas básicas, para que luego te salgan con más facilidad.

¡Puedes dibujar algo solo a partir de una forma básica! Por ejemplo, puedes dibujar rápidamente un sol o una pelota a partir de un círculo y una luna o un arcoíris a partir de un semicírculo, es decir, medio círculo.

Y mira todo lo que se puede hacer con las otras formas básicas:
Un huevo de Pascua con un **óvalo** y un dado con un **cuadrado.** Para dibujar una ventana necesitas un **rectángulo** (es decir, un cuadrado un poco más largo) y para una valla necesitas **muchos rectángulos** dibujados seguidos.

A veces no es posible crear una cosa con una sola forma básica. Es necesario unir **dos formas básicas distintas.**

Por ejemplo, puedes dibujar un lápiz de colores con un rectángulo muy largo y un triángulo. Une las dos formas. ¡Ya puedes reconocer el lápiz de colores!

Una amanita muscaria se forma con un **semicírculo** para el sombrero y un **rectángulo** para el pie.

Pinta los puntos de la seta con muchos **círculos.** ¡Ahora a colorear y listo!

Una **manzana** se dibuja a partir de un **círculo.** El tallo parece un **rectángulo** fino. Debajo del tallo va un pequeño arco para resaltar el hoyo del tallo. Después sombrea la manzana con color verde o rojo.

¿Has visto alguna vez una auténtica **tiendia india?**

Queda mucho más bonita si la coloreas.

1 Dibuja un **triángulo.** Corta el pico de arriba –por este orificio sale el humo del fuego– y dibuja el borde de abajo un poco más redondeado.

2 La tienda necesita una entrada. Por el orificio superior de salida del humo sobresalen los palos largos de la tienda.

3 Yo he adornado mi tienda con un ribete multicolor por arriba. ¡Invéntate tu propio diseño!

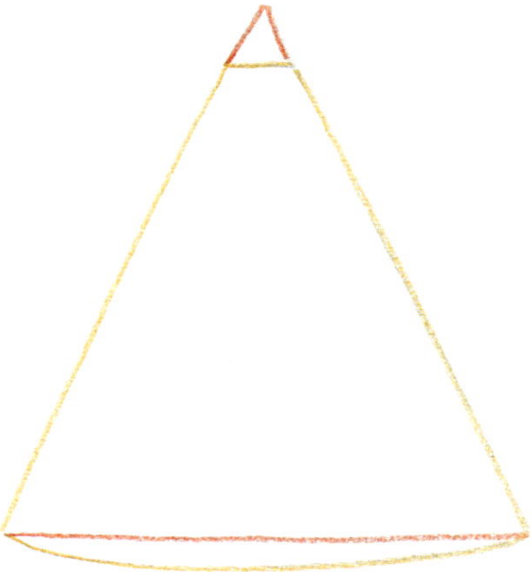

Sí, lo sé, tengo un aspecto tranquilo. Pero lo creas o no, no puedo dormir sin mi **osito de peluche.** *¿Te pasa eso a ti también?*

El osito de peluche queda mucho más bonito con un sombreado de color.

1 Dibuja un **círculo** y un **óvalo** juntos como ves en el dibujo. Hacen algo de intersección.

2 Los brazos y las piernas son **óvalos.** Hacen un poco de intersección con el cuerpo. Para hacer las orejas necesitas unos pequeños **semicírculos.**

3 El hocico es casi un **círculo** completo. Las rayitas rojas te marcan dónde puedes borrar las líneas auxiliares.

4 Los ojos son dos **puntos** negros. Necesitas un **triángulo** para la nariz y dos pequeñas líneas curvadas para la boca.

¡A dibujar!

Mariquita y compañía – Animales

Sí, lo sé, ahora ya vas entendiendo eso de las formas básicas. Ya puedo presentarte a algunos de mis amigos. ¡Les encanta que les pinten! Y otra vez nos ayudan las formas básicas. Empezamos por lo más sencillo. Imagínate que una **mariquita** *se posa en tus dedos.*

1 Fíjate bien en la mariquita, seguro que reconoces enseguida qué forma básica necesitas: ¡muy bien visto: un **óvalo!**

2 Traza una línea curvada que atraviese la parte superior del óvalo. Dos líneas rojas curvadas hacia abajo forman las alas.

3 A la mariquita le faltan todavía los círculos para los puntos y las dos antenas. Bonita, ¿verdad? ¡Y ahora disfruta coloreando!

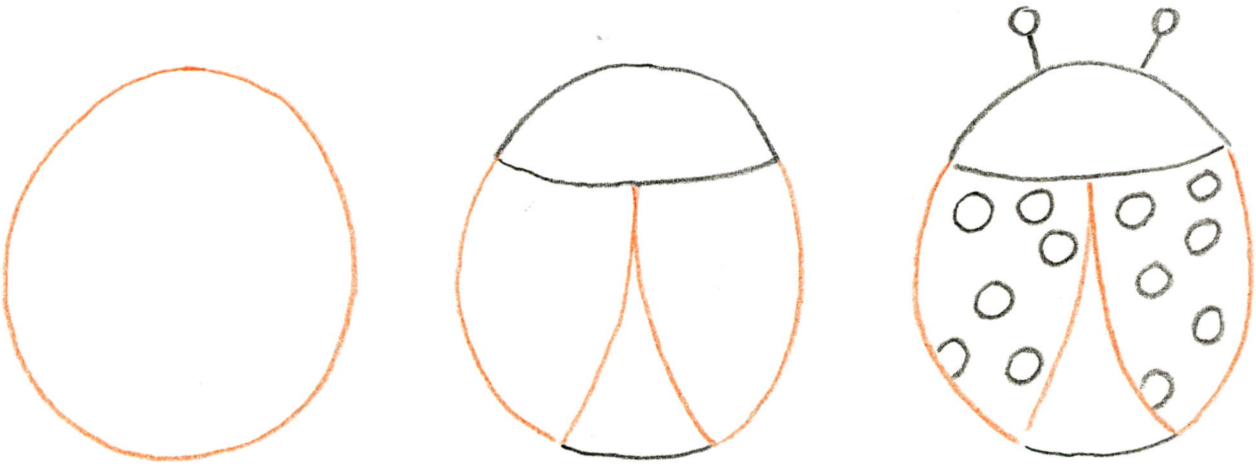

*La **lechuza** se ha pasado toda la noche volando de aquí para allá. Ahora está muy cansada y puedes dibujarla con toda tranquilidad.*

1 Igual que para la mariquita, necesitas primero un **óvalo,** pero un poco más largo y estrecho. Para hacer las alas, dibuja una línea curvada en el lado izquierdo del óvalo y otra en el lado derecho.

2 Los ojos son dos pequeños **óvalos** y la nariz es un pequeño **triángulo.** Dibuja dos líneas rectas a través de la parte de abajo del óvalo para hacer la rama sobre la que se asienta la lechuza.

3 Las orejas se forman con dos **triángulos** curvados. Para los pies necesitas unos pequeños **óvalos.** Dos líneas curvadas cortas que atraviesan los ojos representan los párpados.

*He descubierto un **erizo** en el jardín. Se ha marchado despacio y he tenido tiempo para observarlo. ¿Qué se te ocurre? ¡Exacto! Es muy fácil dibujar el erizo con la ayuda de un **óvalo.***

1 Dibuja primero un **óvalo.** Añade un pequeño **triángulo** para la cabeza. ¡Ya se reconoce la forma del erizo!

2 Dibuja en el triángulo el ojo, la nariz, la boca y la oreja. Ahora puedes añadirle al erizo unos pequeños pies y los pelos del bigote.

Por último, dibuja los pinchos con un lápiz de color marrón oscuro.

¿Tienes una ***tortuga*** *en casa?*
¡Ahora la puedes dibujar! Fíjate en su caparazón desde un costado. ¿Qué forma básica podría ayudarte a dibujarlo?

1

¡Correcto! La forma básica es un **óvalo** grande dividido por una línea curvada. Para hacer el caparazón de la tortuga solo necesitas la parte de arriba. Puedes borrar el resto del óvalo.

2

La cabeza tiene el aspecto de medio óvalo largo y estrecho, lo mismo que los pies. Dibuja el ojo y la boca. Por último, traza las líneas del dibujo del caparazón.

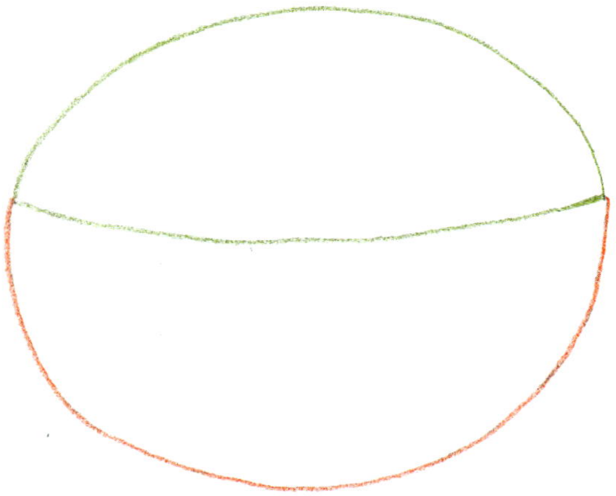

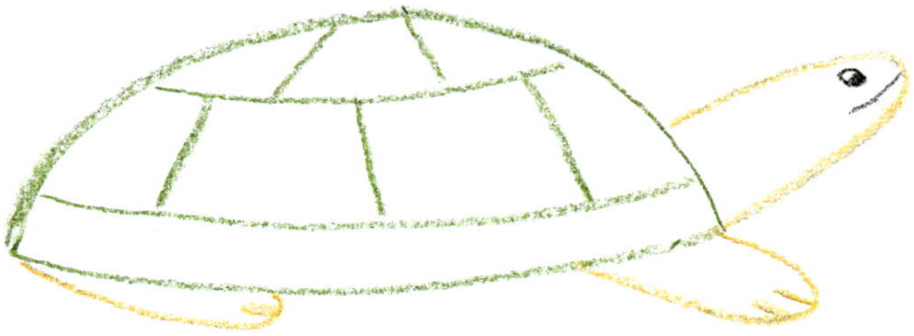

Esta tortuga queda mucho más bonita si la pintas con lápices de colores.

Tal vez lo estabas esperando: ¡aquí está la **mariposa** *de la portada!*

¡Cada mariposa tiene un dibujo!
Así es la mariposa de mi jardín.
¿Y la tuya?

1 Empieza por lo más fácil y dibuja un **óvalo** largo y muy estrecho.

2 A continuación, dibuja las alas superiores con unas simples líneas rectas.

3 ¡Procura que las alas sean lo más iguales posible! A esto se le llama simetría.

4 Dibuja las alas inferiores del mismo modo. Redondea las esquinas como ves en la figura.

5 Para terminar, dibuja las antenas. Necesitas dos líneas con dos pequeños círculos colocados encima.

*¡Qué monada! ¡Un **conejo!***
*Y como ves, es muy fácil dibujarlo con un montón de **óvalos.***

1

Primero necesitas un **óvalo** tumbado. Luego dibuja un óvalo más pequeño y algo inclinado para la cabeza.

2

Las orejas están formadas también por **óvalos.** Esta vez son alargados y les falta un trozo en la parte de abajo. ¿Y qué forma básica compone la cola?

3

Ahora es el turno de las patas. Dibuja una línea curvada para la pata trasera, casi igual que un tres inclinado. La pata delantera parece medio óvalo alargado.

4

La pequeña nariz es un **triángulo** y la forma básica de los ojos vuelve a ser un **óvalo.** Por último, dibuja las líneas de los bigotes y ¡listo!

Naturalmente, el conejo queda mucho más bonito coloreado. Sombréalo con lápices de colores o de cera. Este de aquí, mi amigo Saltitos, es de color marrón.

¡Un gato tumbado siempre parece estar cómodo!
Se dibuja de forma parecida al conejo.

1 El cuerpo es un **óvalo** tumbado. La cabeza es un **círculo** dibujado en parte sobre el cuerpo.

2 Dos pequeños **triángulos** componen las orejas y la cola se forma con una larga línea curvada.

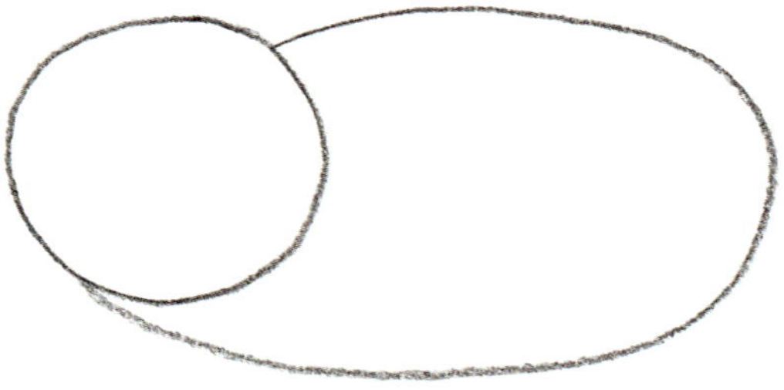

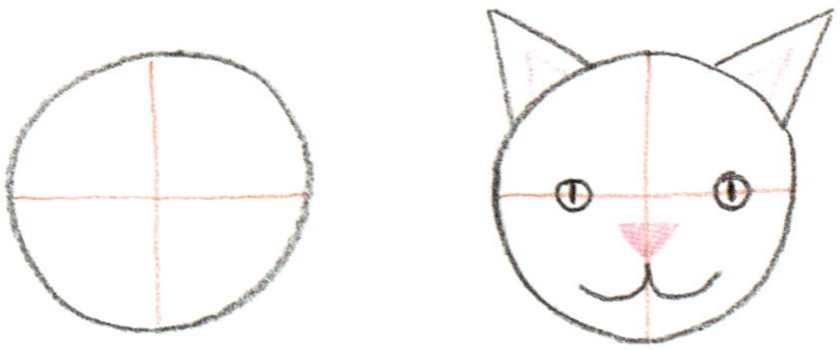

3 Para hacer la cara, dibuja primero una cruz que divida el círculo en cuatro campos. Esto te ayudará a colocar los ojos, la nariz y la boca en el lugar correcto. En la línea horizontal dibuja los ojos, y en la línea vertical dibuja el pequeño triángulo de la nariz y las líneas arqueadas de la boca.

4 Borra las líneas auxiliares de la cara. ¡El gato está terminado!

Pero los gatos rara vez son blancos del todo. Píntale el pelo a tu gato. El mío tiene el pelo negro con manchas blancas. ¿Y el tuyo?

Ahora el gato se levanta. Es muy fácil dibujar un ***gato*** *levantado si utilizas la ayuda de las formas básicas.*

¡Con el pelo pintado tiene un aspecto mucho más bonito!

1 Un **rectángulo** largo levantado te ayuda a hacer las patas delanteras. Dibuja encima un **círculo** para la cabeza.

2 Divide la mitad inferior del rectángulo con una línea vertical y redondea los lados un poco hacia fuera.

3 Necesitas dos **triángulos** para las orejas y dos **semicírculos** para las garras. Ahora está claro: ¡esto será un gato!

4 Este es el gato terminado.

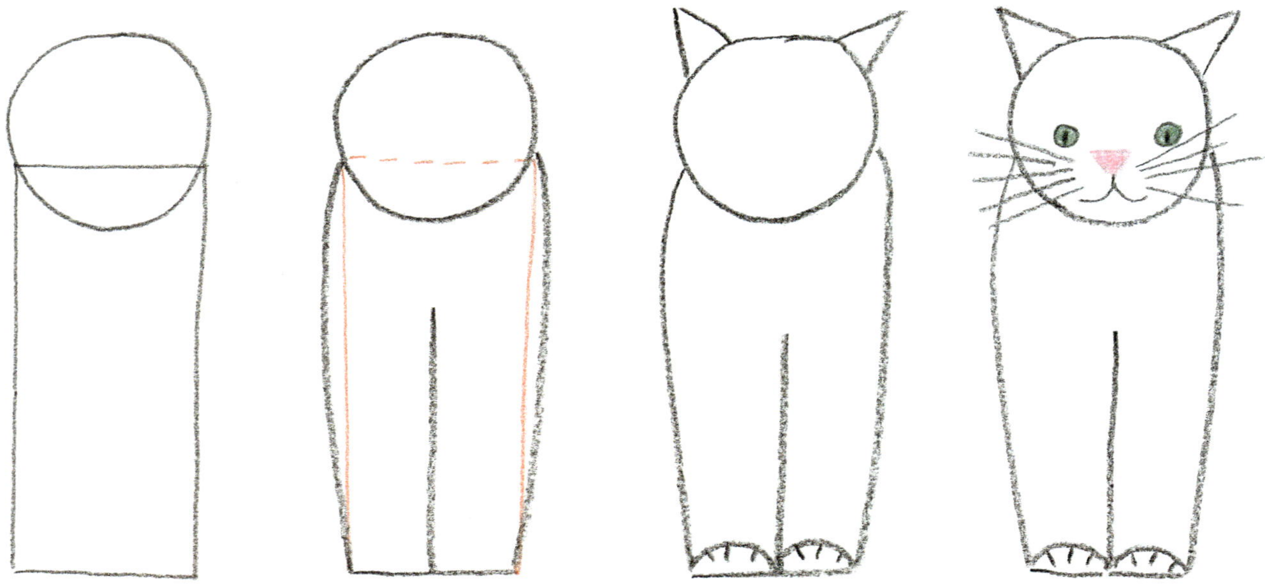

¡Por supuesto, tampoco puede faltar un ***perro!*** *Dibujarlo es muy parecido a dibujar un gato.*

1 Las formas básicas son iguales que las del gato: un **rectángulo** y un **círculo.** Para hacer las orejas necesitas pequeños **rectángulos** dibujados a los lados del círculo.

2 ¿Has visto alguna vez un perro con ángulos? Yo tampoco. Utiliza las formas con ángulos como orientación y luego redondea todas las esquinas, como se ve en las figuras. Borra las líneas auxiliares de los ángulos.

La piel puede ser de color marrón o negro. ¡Eso decídelo tú!

3 Te muestro la cabeza a tamaño aumentado: dibuja también aquí una cruz de líneas auxiliares a través de la forma de la cabeza. Te ayudan a colocar los ojos y la nariz en la posición correcta.

4 El perrito está terminado. ¿No es simpático?

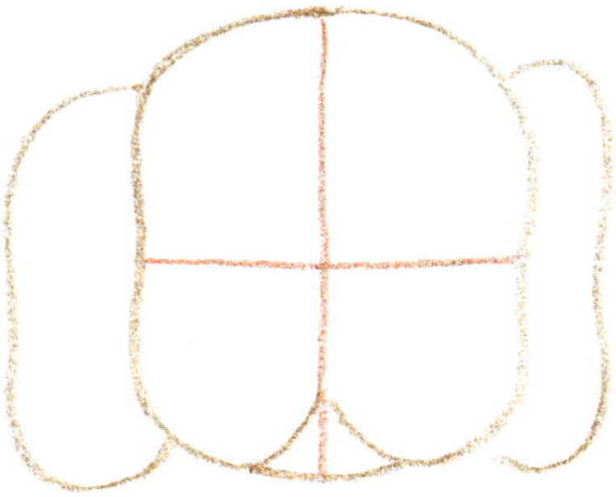

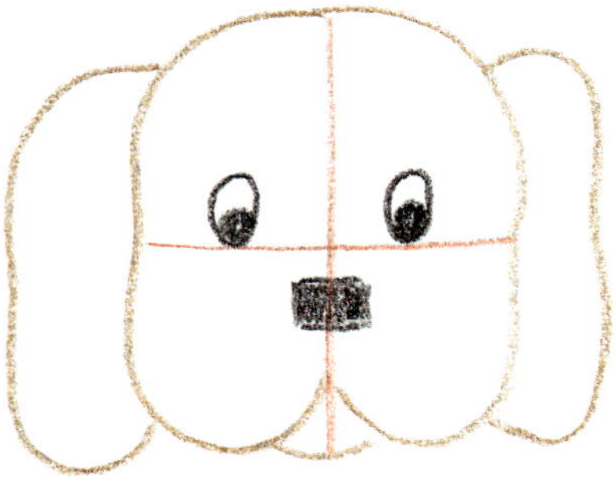

¿Has visto alguna vez elefantes de verdad en el zoológico? Dibujar un **elefante** *tampoco es difícil.*

Para que tu elefante se vuelva de color gris elefante, sombréalo con un lápiz de grafito o con un lápiz de color gris.

1 ¿Habrías imaginado que un elefante se empieza casi igual que un gato o un perro? La única diferencia es la forma de la cabeza: aquí es un **óvalo.**

2 Dibuja la trompa en la parte de abajo de este óvalo. Las patas las forma un **rectángulo** con una raya que las separa. Para los pies y los dedos, dibuja dos pequeños **semicírculos** en la parte inferior de las patas.

3 La forma básica para las grandes orejas son dos **rectángulos.** Dibuja en ellos las orejas redondeadas. Por último, borra las líneas auxiliares y ya está terminado tu dibujo de elefante.

Dibuja el elefante una segunda vez, ahora visto desde un costado.

1 La forma básica de la cabeza es un **círculo.** Dibuja sobre parte de ella un gran **óvalo** para el cuerpo. Las patas son **rectángulos,** más anchos por arriba que por abajo.

2 La trompa delante de la cabeza se forma con dos líneas curvadas.

3 Ahora dibuja la oreja; es un **rectángulo** con los bordes redondeados. Como estás viendo a tu elefante desde un costado, solo puedes ver una oreja.

4 Faltan el largo colmillo, que se forma también con dos líneas curvadas, y la pequeña cola.

No ha sido tan difícil, ¿verdad? ¿Te apetece colorear tu elefante con lápices de colores?

Seguimos un poco más con los grandes animales y ahora dibujamos un **hipopótamo.** *¿Lo reconoces? ¡Es el pequeño hipopótamo de la portada del libro!*

1 El principio es el mismo que para el elefante: se colocan juntos un **círculo** y un **óvalo.** Dibuja las patas en el óvalo grande, como se ve en la figura.

2 Las orejas son dos **círculos** muy pequeños. Dibuja un **óvalo** para el hocico en la parte inferior de la cabeza.

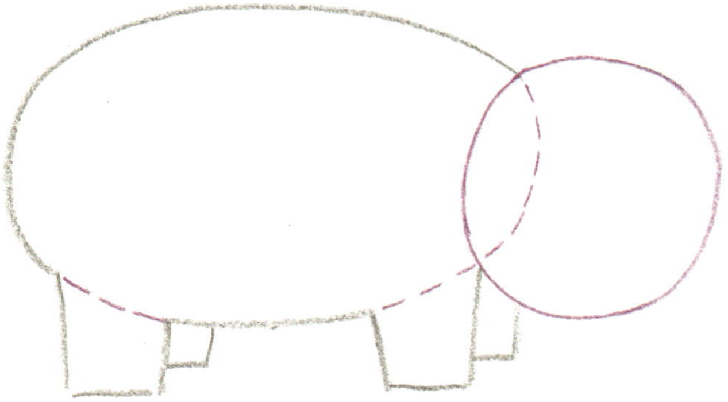

¡Pintar de colores puedes hacerlo tú solo!

3 Vuelve a dibujar en la cabeza las líneas auxiliares para hacer la cara. ¿Has visto que ahora he dibujado la cabeza un poco más estrecha?

4 Así queda el hipopótamo terminado. Coge los lápices de colores y sombréalo para que parezca un auténtico hipopótamo.

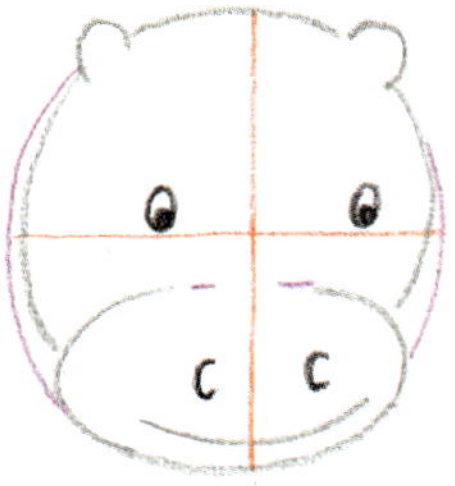

A esta ***jirafa*** *también la conoces de la portada del libro. ¡Si te apetece, dibújala ahora!*

1 La forma básica de la cabeza es un **óvalo** estrecho inclinado; para el cuello, haz un largo **rectángulo.** El rectángulo es un poco más estrecho junto a la cabeza que por abajo. Para el cuerpo necesitas otro **óvalo.**

2 Cada una de las patas se forma con dos líneas rectas. Como la jirafa está de costado, dibuja primero la pata delantera y la pata trasera que están más cerca de ti.

3 Las otras dos patas quedan un poco ocultas, para que puedas reconocer qué patas se encuentran de tu lado y cuáles en el lado opuesto.

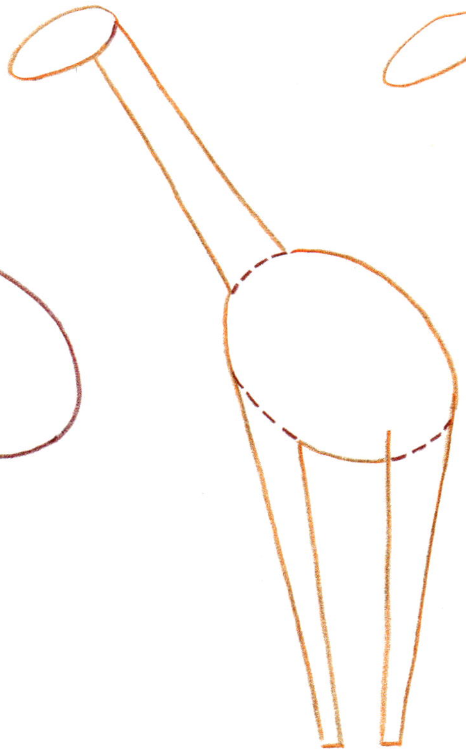

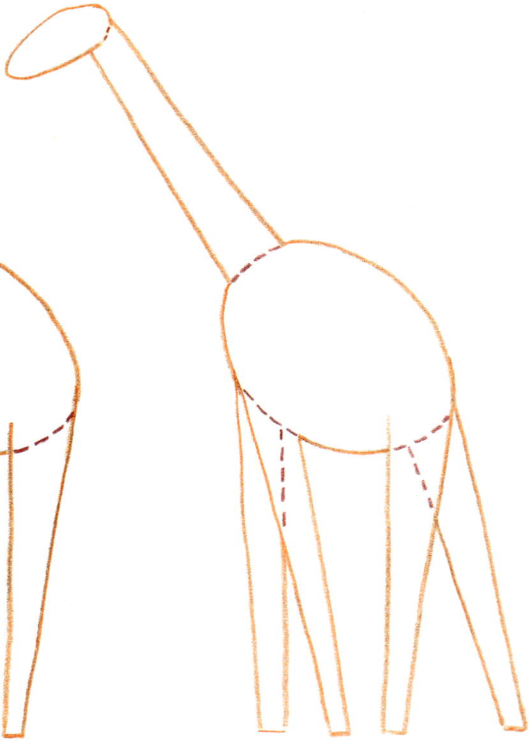

Si quieres, puedes pintar la jirafa de colores.

4 Dibújale a la jirafa una cara, una oreja, un pequeño cuerno y la cola. Además, el cuello se hace un poco más ancho en la parte de abajo, junto al cuerpo, para unirse a este.

5 Por último, dibújale a la jirafa sus típicas manchas de jirafa. ¡El dibujo de la jirafa está terminado!

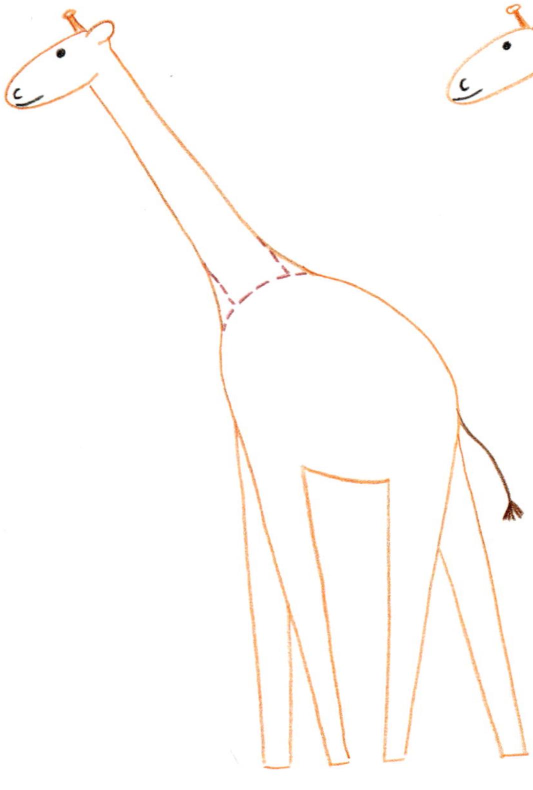

Hasta ahora has dibujado muchos animales, pero no hay ningún pájaro entre ellos. He elegido para ti un pájaro multicolor. ¡Dibuja un ***papagayo!***

1 Empieza con un pequeño **círculo** para la cabeza. El cuerpo se forma con un **óvalo** inclinado.

2 El ala también es un **óvalo,** algo más estrecho. En la línea discontinua hace intersección con el cuerpo, como ves en la figura. La cola es un **rectángulo** truncado.

3 Une la cabeza y el cuerpo mediante dos líneas algo curvadas. Las plumas de las alas se forman igual que las plumas de la cola: con la ayuda de unas simples líneas.

¿Has visto alguna vez un papagayo que no sea multicolor? Yo tampoco. ¡Adelante! Coge tus lápices de colores y coloréalo. ¡Un papagayo tiene que tener color!

4 El papagayo está posado sobre una rama. Dibújala con unas líneas rectas. Las garras son pequeños **óvalos.** Después dibuja el ojo. La forma básica es un **círculo** con un punto negro. Para terminar, dibuja el pico curvado.

5 Borra las líneas auxiliares. El papagayo está terminado. ¿Te gusta?

En casa – Casas, muebles y más

*Seguro que has dibujado **casas** muchas veces. Y seguro que te pasó lo mismo que a mí: algo salía mal o no quedaba bien. Por eso vamos a probar ahora con las formas básicas.*

1 Para hacer una casa necesitas dos formas básicas: un **rectángulo** y un **triángulo.**

2 El triángulo se coloca sobre el rectángulo a modo de tejado. El triángulo es un poco más ancho que el rectángulo.

3 La forma básica para la puerta, las ventanas y la chimenea es un **rectángulo.** Ahora ya parece una casa de verdad.

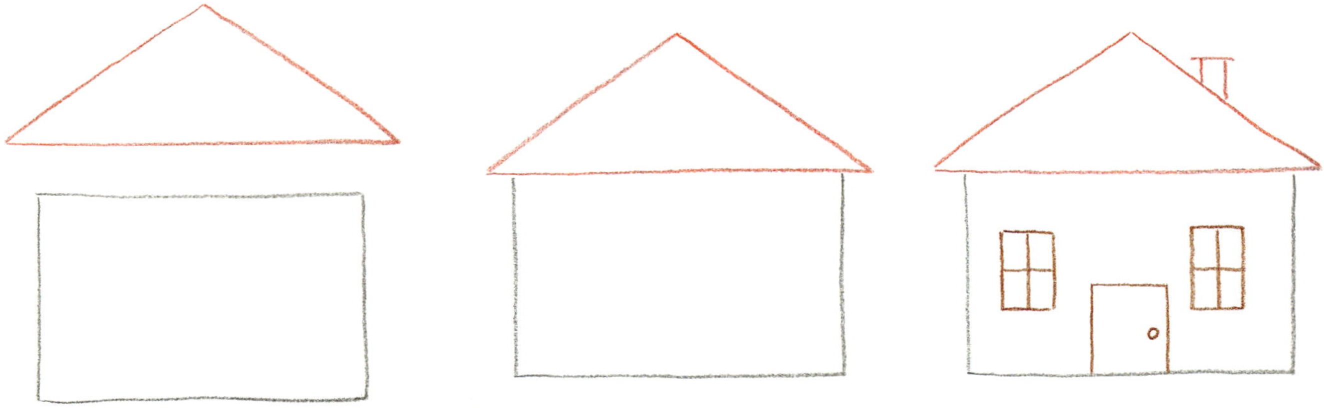

Existen muchas posibilidades de colocar las ventanas y las puertas. Aquí te muestro otra forma, pero seguro que a ti se te ocurren más.

1 Puedes dibujar una casa más grande con más ventanas. Yo he seguido dibujando más cosas. El tejado tiene tejas hechas con pequeños **semicírculos.** Y he colgado unas cortinas en las ventanas. ¡Así queda mucho más bonito!

2 ¡Mira, es la misma casa pero las ventanas son distintas! Ahora hay una ventana grande y dos pequeñas. Prueba con otras ventanas y puertas, ¡o diseña una casa totalmente nueva!

He dibujado esta casa con lápices de colores. Procura llevar el lápiz siempre en ***una*** *dirección y no a lo loco, incluso en la zona estrecha entre las pequeñas ventanas.*

Ahora mira el aspecto que tiene el **interior de la casa.** *Y de paso te puedo enseñar a dibujar una cama, armarios, mesas y sillas y también cazuelas, tazas y jarras. ¿Sientes curiosidad?*

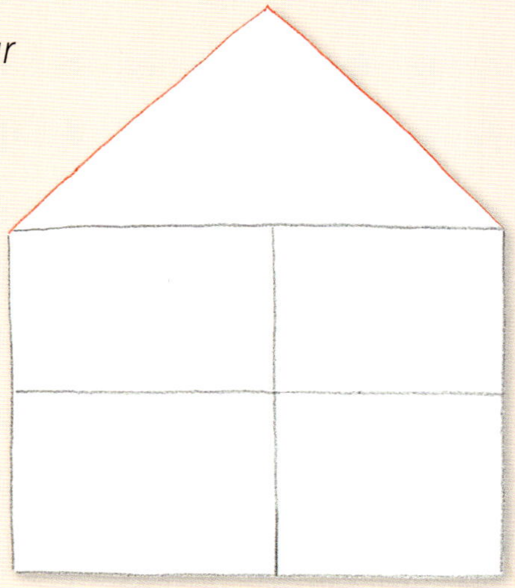

1 ¡Esta es la casa! Tiene cuatro habitaciones y un desván.

2 Hay una habitación para los niños, un dormitorio para los padres, una cocina y un comedor. Naturalmente, en las habitaciones hay muebles: mesas, sillas, armarios, estanterías y camas. ¡Además hay cazuelas, una cafetera, una taza y hasta un osito de peluche!

¡Acompáñame! ¡Vamos a dar un paseo por las habitaciones para ver qué encontramos allí y dibujarlo! ¡Primero vamos al ***dormitorio!***

1 Una **cama** es muy fácil. Dibuja dos líneas verticales a los lados de un largo **rectángulo,** una de las líneas tiene que ser más corta que la otra.

2 Y si añades las sábanas, cualquiera puede ver que se trata de una cama.

1 Los **armarios** tampoco son difíciles. La forma básica es casi siempre un **rectángulo.**

2 Las puertas de los armarios son también **rectángulos.** Dibuja un **círculo** en el centro: es el pomo. ¡Listo!

3 Algunos armarios tienen cajones, que se dibujan como se ve en la figura de abajo.

La siguiente habitación es el ***comedor***
con una ***mesa*** *y dos* ***sillas.***
La ***lámpara*** *sobre la mesa es un* ***semicírculo.***
Junto a la mesa hay una estantería
con libros y jarrones.

Para la mesa necesitas de nuevo un **rectángulo** con dos rectángulos estrechos dibujados a los lados para hacer las patas.

Dibujar una silla es todavía más fácil: ¡bastan un par de líneas!

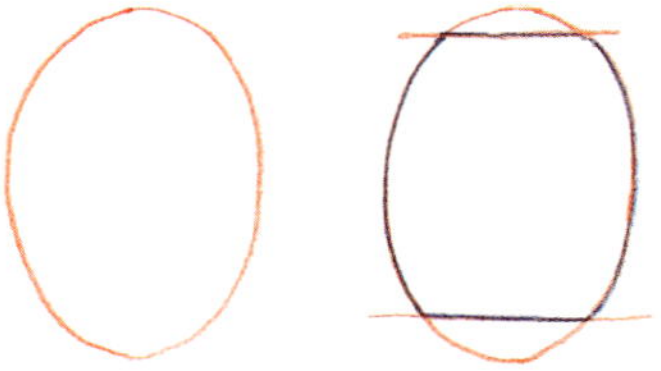

Un **jarrón** se puede dibujar a partir de un óvalo. Corta la parte de arriba y la de abajo. El jarrón está terminado.

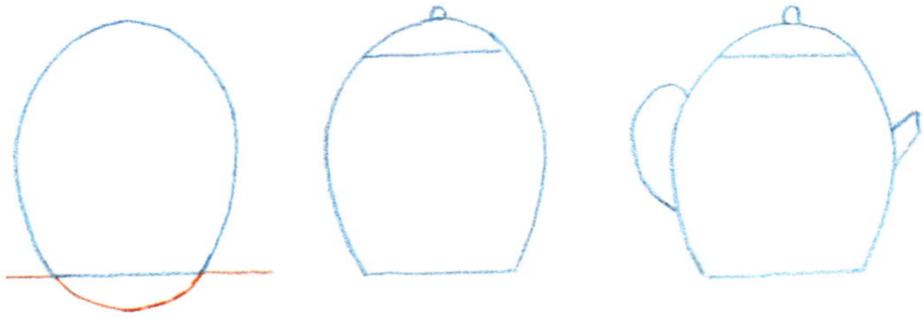

Una **tetera** se dibuja casi igual que un jarrón, pero con una tapadera encima, un asa en un lado y la boquilla en el otro lado.

¡La **cocina** *nos espera! Seguro que ya sabes cómo dibujar el armario y la cocina. Por eso nos ocuparemos de las cosas que están en el estante: la cafetera, las cazuelas y la taza.*

Empieza con la **taza.** La forma básica es un **rectángulo.** Como la taza es más ancha por arriba que por abajo, tienes que dibujar las líneas laterales inclinadas. Coloca un asa en un lado y la taza está terminada.

Una **cazuela** entra dentro de un **cuadrado** o de un **rectángulo.** La tapadera es medio **óvalo.** Dibuja todo lo demás igual que la taza.

La forma básica para una cafetera es un **rectángulo.** Las figuras te muestran cómo tienes que dibujarla.

Naturalmente, puedes adornar un poco más las habitaciones. ¿Qué tal con papel pintado o con unas flores? Dibuja una habitación con juguetes para los niños. Ya hay un osito de peluche sentado sobre el armario.

Quiero enseñarte que no solo hay casas en las que se puede vivir. Un **faro** *sirve para mostrar el camino correcto a los barcos, pero antiguamente siempre vivía alguien en el faro.*

Con unas rayas rojas tu faro parece auténtico.

1 Primero necesitas un **rectángulo** largo y estrecho.

2 Tienes que dibujarlo un poco más ancho por abajo que por arriba. En la parte superior de este rectángulo coloca un **rectángulo** horizontal pequeño y encima medio **óvalo.**

3 Con las rayas horizontales divides el faro en campos blancos y rojos. Dibuja abajo del todo una puerta y dos ventanas.

Quiero mostrarte una casa especial: un **molino de viento.** *En un molino de viento se puede vivir, pero antiguamente en él se molían también los granos de los cereales.*

1 La forma básica del tejado es un **semicírculo.** Debajo, dibuja un **rectángulo.**

2 Igual que en el faro, el rectángulo es algo más ancho por abajo que por arriba. Las líneas discontinuas lo marcan.

3 Las aspas del molino están formadas por dos líneas cruzadas. En los extremos de las líneas van unos largos **rectángulos.**

4 Ahora dibuja las ventanas, la puerta y la barandilla de la parte superior del molino.

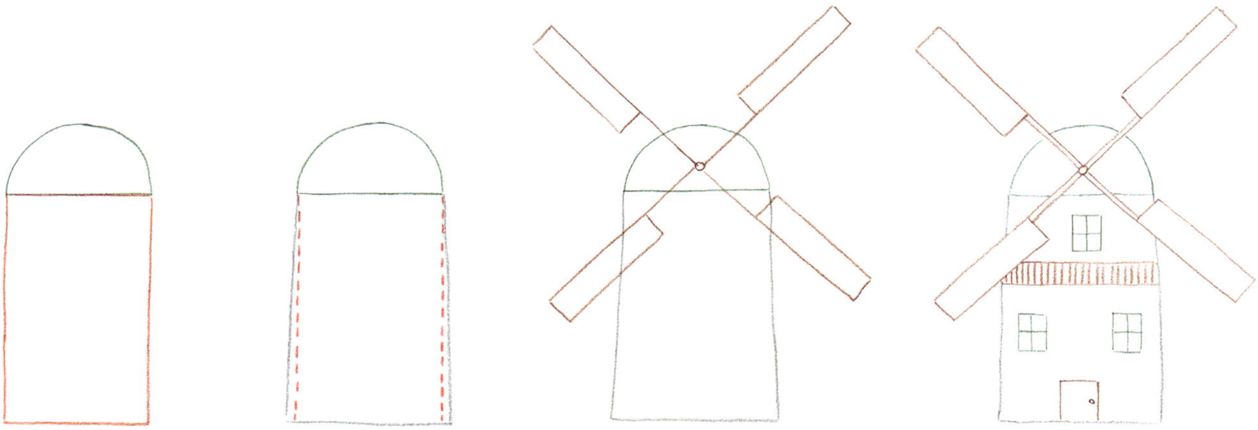

Niño y niña

¿Quién vive en la casa de la página 34? He encontrado a una niña y a un niño. Ellos podrían vivir en una casa así. Primero dibujamos al **niño.** *Ya verás como no es nada difícil. Las formas básicas te ayudarán otra vez a dibujar.*

1 La forma básica de la cabeza es un **óvalo.** Debajo, dibuja un **rectángulo** para la parte superior del cuerpo. Deja un poco de espacio entre la cabeza y el cuerpo para el cuello.

2 Los pantalones cortos son también un **rectángulo.** Dibuja una raya en el centro inferior del rectángulo. Así se separan las dos perneras.

3 La forma básica de cada pierna es también un **rectángulo.** ¡Procura que las piernas sean algo más anchas por arriba que por abajo! Los pies son **óvalos** inclinados a los que les falta un trocito por arriba.

4 Por último, sitúa los brazos en la parte superior del cuerpo. Dibuja los calcetines al niño. Para cada mano necesitas medio **óvalo.**

El niño tiene este aspecto después de dibujarlo. Coge ahora los lápices de colores y coloréalo. ¿Te apetece vestirle con otra camiseta y otro pantalón?

5

Ahora dibuja la cara. Sabes cómo se hace por los animales. Ya dibujaste un gato. Divide la cara del niño del mismo modo. Después añade el pelo y ¡ya están terminadas la cabeza y la cara!

¡Ahora dibujamos a la ***niña!***
Después del niño, te resultará más fácil.

1 La forma básica de la cabeza es un **círculo.** La niña lleva un vestido. Dibújalo con la forma de un **triángulo** al que le falta el pico de arriba.

2 Debajo del vestido están las piernas. Dibújalas a izquierda y derecha desde el centro del triángulo. Los pies están formados por óvalos truncados.

3 Dibuja los brazos y las manos igual que los del niño. Procura también que sean igual de largos.

¡Ahora es otra vez tu turno! Utiliza tus lápices de colores y píntale a la niña un bonito vestido. Puede tener un color totalmente diferente al que he elegido yo, y puedes decorar un diseño en el vestido.

4 El dibujo está casi terminado. Solo falta la cara. Dibújala igual que la del niño. Dibuja el pelo sobre la frente con las dos coletas y los lazos. También puedes inventarte tu propio peinado. ¿Tal vez tu niña lleva un flequillo?

Coches, artefactos voladores y más

Ya puedes dibujar un montón de cosas que encuentras en tu vida diaria. Enseguida te enseñaré cómo dibujar un coche. Pero primero le preguntamos a nuestra fantasía: ¡Dibujemos un **cohete!** *Un cohete se puede dibujar como un lápiz de grafito o un lápiz de colores. ¿Sabes cómo se hace?*

1 Dibuja un **rectángulo** alargado e inclinado y un **triángulo** junto a uno de los lados estrechos del rectángulo. Procura que el pico del triángulo quede bastante centrado sobre el rectángulo. La línea roja discontinua te puede servir de ayuda.

2 Coloca un **rectángulo** transversal debajo de este "lápiz". Esto será la base del cohete.

3 Dibuja después dos pequeños **triángulos** en los extremos del rectángulo de la base. Ya solo faltan los tubos de propulsión.

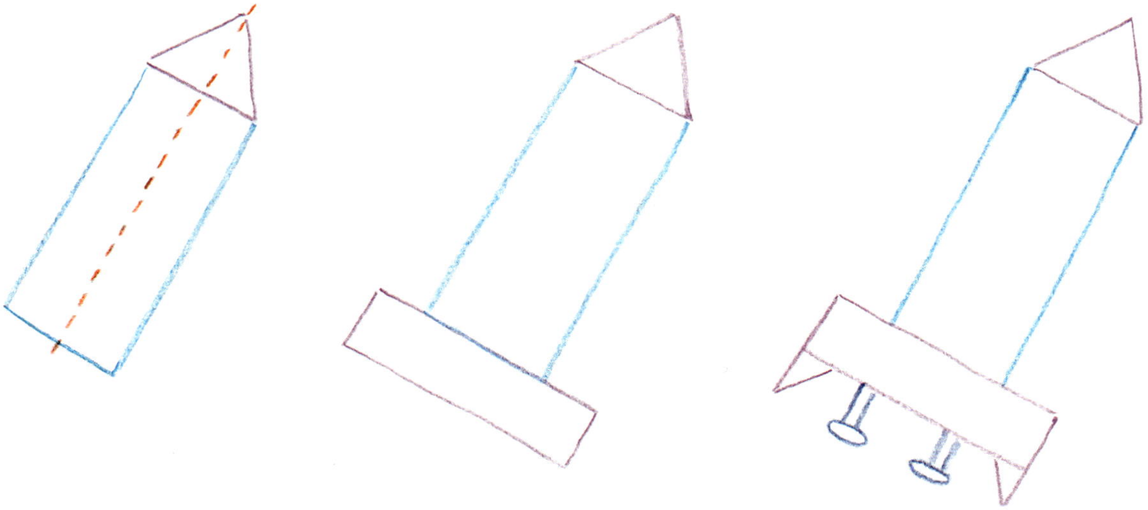

Para que el cohete vuele, dibuja con tus lápices de colores una roja cola de fuego.

4 Con este cohete puedes dibujar ahora un bonito cuadro. ¡Lanza el cohete al espacio! Para ello necesitas una luna y dos estrellas. Forma las estrellas a partir de dos **triángulos** dibujados uno encima del otro.

*Un **platillo volante***
*se dibuja con un **óvalo.***
*Coloca encima un **semicírculo.***

1 Primero dibuja un **óvalo** estrecho y alargado. Coloca encima un **semicírculo** para la cabina del piloto.

2 La ventana es también un **semicírculo.** Los pequeños **círculos** alrededor del platillo volante forman la iluminación.

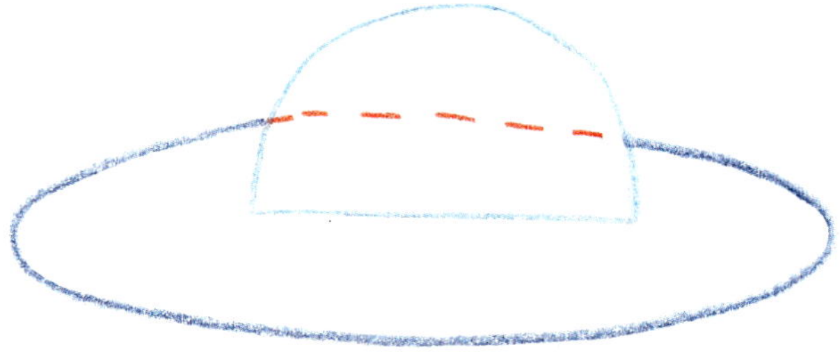

Ahora puedes elegir si dibujas un platillo volante en pleno vuelo o uno que acaba de aterrizar.

3 Y así se dibuja un platillo volante después de que ha aterrizado: puedes ver los dos primeros pasos en la página de la izquierda. Dibuja un **óvalo** a partir del semicírculo, como se ve en la figura de debajo.

4 Borra las líneas auxiliares y añade tres patas debajo del óvalo.

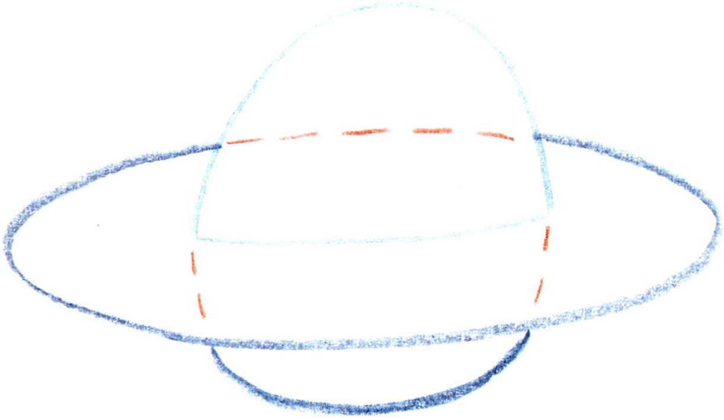

Ahora dibujamos un **robot.**
Ya verás que no es nada difícil.

Mi robot es de color verde.
¿Y el tuyo? ¿Qué tal azul o negro?

1 La cabeza está compuesta por un **cuadrado** y el cuerpo por un **rectángulo.** Las dos partes están unidas mediante un pequeño **rectángulo,** que es el cuello.

2 Los brazos y las piernas son **rectángulos** largos. Van unidos al cuerpo mediante pequeños rectángulos. Para hacer las manos utiliza **cuadrados** y para los pies, **trapecios** (más estrechos por arriba que por abajo).

3 Ahora dibuja la cara del robot. Se parece a la forma de la cara del niño y de la niña. ¡Es parecida, pero más angulosa!

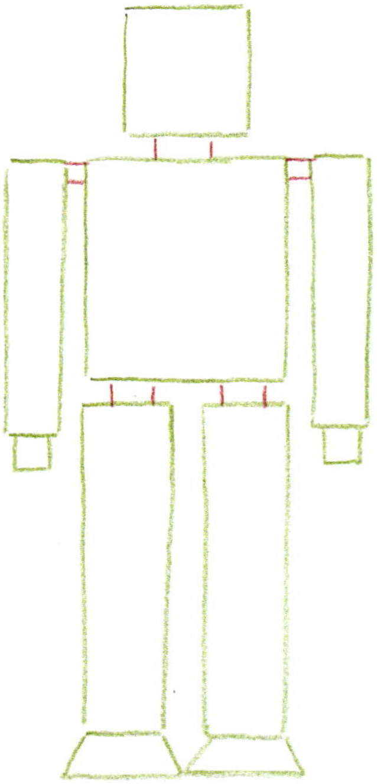

Ahora te enseño cómo dibujar un **coche de policía.**
Este es el furgón con el que los policías se desplazan.

1 Un furgón cabe dentro de un **rectángulo** grande. Para hacer las ruedas necesitas dos **cuadrados.** Te ayudan a dibujar las ruedas igual de grandes y redondas.

2 Dibuja una línea inclinada en la esquina superior izquierda. Ahora se puede reconocer la forma del furgón. Dibuja las ruedas en los pequeños cuadrados.

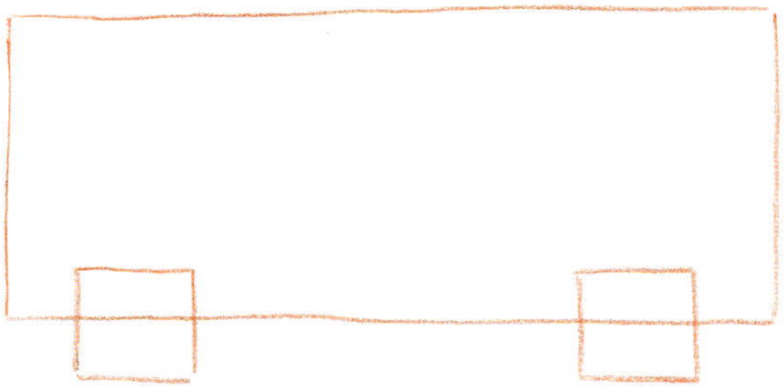

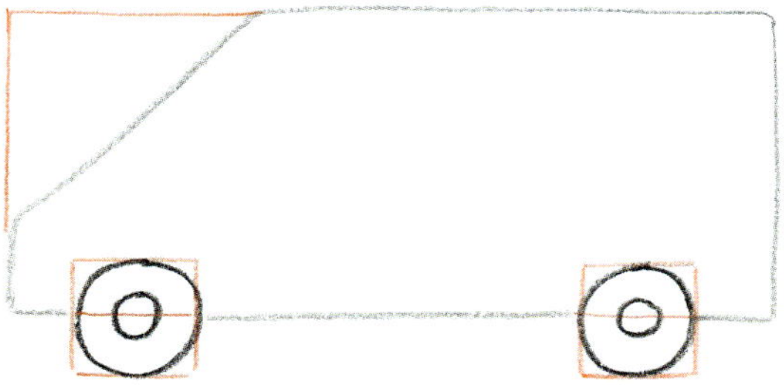

3 Dibuja rectángulos y cuadrados para las ventanas. La ventana delantera lateral es un triángulo.

4 Ahora solo faltan las puertas y la raya azul con el rótulo de "Policía".

Por último, utiliza los lápices de colores para darle al coche de policía el color correcto.

Girasol y compañía – Flores

*¡Las **flores** son tan bonitas! Llenan de color el jardín y huelen de maravilla. Y un cuadro de flores pintado por uno mismo es un regalo fantástico.*

¡Las flores tienen que ser de colores!

1 La forma básica es el **círculo.** Empieza la flor dibujando un círculo pequeño. Dibuja alrededor un círculo más grande. Te ayudará a dibujar los pétalos más o menos igual de largos.

2 Borra el círculo exterior, que era tu línea auxiliar, y ya está terminado tu primer dibujo de una flor.

Esta flor se dibuja exactamente igual que la flor azul, pero los pétalos tienen una forma diferente. Ve al jardín y mira qué otras formas encuentras. Existen también flores con más de cinco pétalos.

Puedes dibujar muchas flores de este modo. Solo necesitas cambiar los pétalos. Hasta ahora eran flores inventadas. Te enseño algunas flores que existen de verdad. Empezamos por la ***margarita.***

1 Vuelve a dibujar alrededor de un **círculo** pequeño un círculo más grande como línea auxiliar. Los pétalos son **óvalos** largos y estrechos, a los que les falta un trocito en el centro de la flor.

2 Esta es la flor terminada si borras el círculo exterior. Dibuja un tallo largo con dos hojas verdes. Los pétalos se quedan de color blanco.

¡Para obtener una auténtica margarita, tienes que colorear el círculo pequeño de color amarillo y las hojas de color verde!

*Un **girasol** también se dibuja con la ayuda de dos **círculos.***

Pero para que se reconozca que es un girasol de verdad, tienes que colorearlo con tus lápices de colores. Como en todos los girasoles, el círculo interior es marrón y los pétalos, amarillos.

1 Igual que en la margarita, los pétalos del girasol son largos y estrechos. Aunque, en este caso, por arriba son puntiagudos y no redondos.

2 Para hacer las hojas verdes te sirven de ayuda las formas básicas. Caben dentro de un **triángulo.**

*Hasta ahora te he enseñado flores que se dibujan con el **círculo** como forma básica. Pero existen también flores con otras formas. A estas pertenece, por ejemplo, el **tulipán,** que florece en primavera.*

Los tulipanes tienen muchos colores. Existen algunos que tienen dos o tres colores en sus flores. Dibuja uno y coloréalo y luego regálale el dibujo a tu mamá.

1 La forma básica de la flor es un **óvalo.** Dentro de él se dibujan los pétalos.

2 Esta es la flor después de borrarle las líneas que sobran.

3 Añade el tallo debajo de la flor. Para hacer las hojas largas verdes, traza primero dos líneas largas curvadas. Luego dibuja las hojas alrededor de estas líneas.

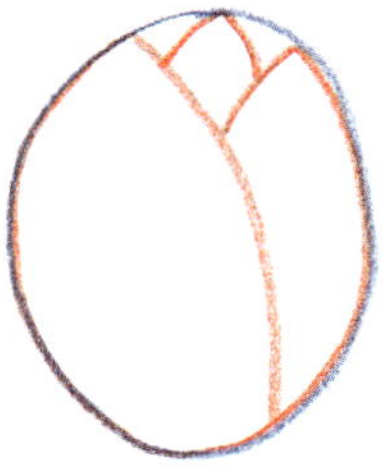

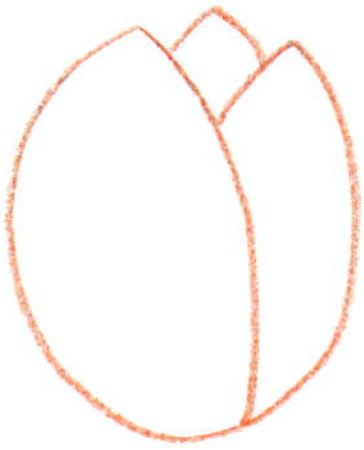

¿A ti también te parecen bonitas las ***amapolas*** *que sobresalen en los campos de cereales como manchas rojas brillantes?*

1 Para la flor necesitas dibujar primero un **rectángulo** inclinado. Una línea divide el rectángulo en dos partes. Dibuja el pétalo grande en la parte inferior del rectángulo, redondeando los bordes. Coloca encima el segundo pétalo. De él solo se ve una pequeña parte, porque está casi completamente cubierto por el otro pétalo.

2 Esta amapola tiene un capullo. El capullo tiene el aspecto de un **óvalo.** Para la hoja verde necesitas primero una sola línea.

3 Dibuja alrededor de esta línea otra línea ondulada y ¡la hoja está terminada!

Junto a la amapola roja resalta mucho el ***aciano*** *azul. Se dibuja de forma muy distinta a todas las flores anteriores.*

Los acianos suelen ser de un solo color. Casi siempre azules.

1 Dibuja un **óvalo** encima de un semicírculo. En el óvalo se forman los pétalos.

2 Los pétalos no los puedes ver por separado porque son muchos. Solo reconoces un borde dentado.

3 Las hojas verdes de un aciano son largas y estrechas. Así queda el dibujo después de borrar las líneas auxiliares.

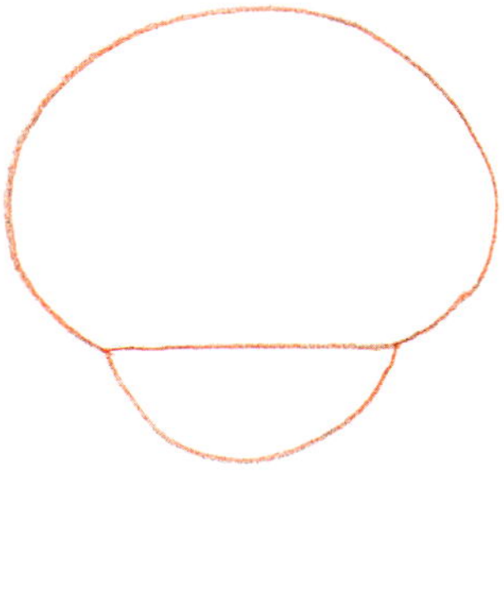

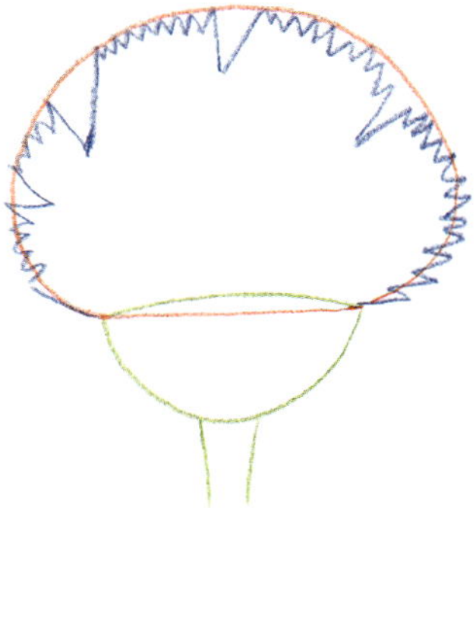

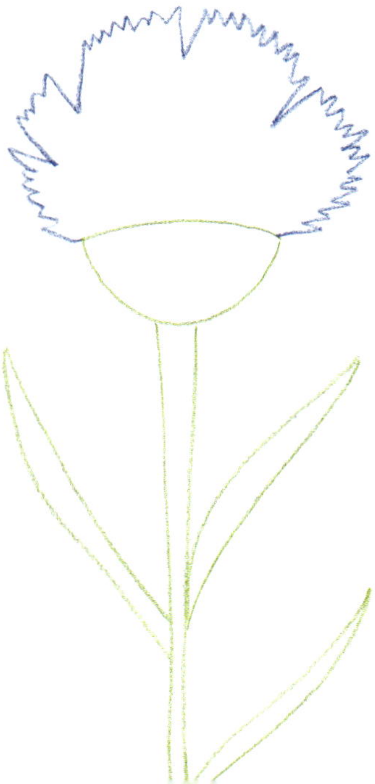

¡Las ***rosas*** *me parecen preciosas! ¡Son mis flores favoritas! Y no son nada difíciles de dibujar si se sabe cómo hacerlo. ¡Pon atención, te lo enseño! Aunque la flor cabe dentro de un* ***círculo,*** *esta vez empezamos de un modo diferente:*

1 Empieza a dibujar con el lápiz de colores rojo el centro de la flor, donde los pétalos son muy pequeños y compactos. Sigue haciendo una **espiral** de líneas circulares, aumentando la distancia entre las líneas, como se ve en la figura.

2 Para que estas líneas circulares se transformen en pétalos, necesitas pequeñas líneas curvadas, dibujadas a distancias irregulares.

3 Sombrea la rosa con un color rojo claro. Es un color un poco más claro que el del contorno, para que los pétalos se puedan reconocer bien.

Ahora que ya sabes cómo se dibuja una rosa puedes dibujar una **rama de rosas.** *En una rama hay varias flores, capullos y también hojas verdes.*

Las hojas verdes parecen pequeños **óvalos.**
En dos pasos te enseño cómo dibujarlas.

Existen rosas con un sinfín de colores. Toma tu color preferido y sombrea las rosas.

En las últimas páginas has aprendido mucho sobre cómo dibujar flores. ¿Qué te parece si ahora dibujamos un **ramo de flores** *en un jarrón?*

Las flores ya las conoces y en la página 36 te he enseñado cómo dibujar el jarrón. ¡Aquí está de nuevo! Borra la parte superior y la inferior de un **óvalo** y el jarrón está terminado.

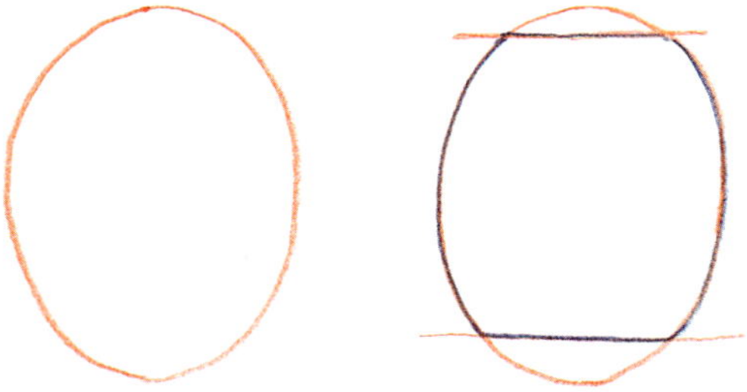

1 Dibuja el jarrón bastante abajo en la hoja de dibujo, así tendrás suficiente espacio para las flores en la parte de arriba.

2 ¿Adivinas a partir de las formas básicas qué flores he colocado en el jarrón?

3 Ahora las flores están terminadas y puedes borrar las líneas auxiliares. ¿No son preciosas?

¡Ahora es tu turno!
Pinta de colores el jarrón y las flores.
Si quieres, puedes colocar el jarrón sobre
una mesa, por ejemplo, y pintar un mantel.
¡Pero tu dibujo queda también muy bonito así!

Árboles

Existen muchos árboles diferentes: los robles y las hayas son gruesos y grandes, los abedules y los chopos son estrechos y altos, y un abeto tiene un aspecto totalmente distinto. Déjate sorprender. Nuestro primer árbol es grueso y grande. Podría ser un **roble,** *pero también un haya.*

1 Necesitas un **rectángulo** para el tronco y un **círculo** para la copa.

2 Dibuja más ancho el rectángulo en la parte donde el tronco crece del suelo. Las líneas del tronco están algo curvadas por abajo.

3 Dibuja la copa con una línea ondulada. Puede ser una línea irregular sin problemas.

4 Este es el aspecto del árbol después de borrar todas las líneas auxiliares.

Este árbol se puede dibujar también de modo que se vean algunas ramas.

¡Colorea el árbol con tus lápices de colores!

1 Comienza otra vez con un **rectángulo** y un **círculo.** Luego dibuja las cuatro ramas gruesas dentro del círculo.

2 Dibuja la línea ondulada para la copa de modo que las ramas se distingan bien.

3 Ahora ya puedes borrar las líneas auxiliares. Este es el árbol terminado. No ha sido tan difícil, ¿verdad?

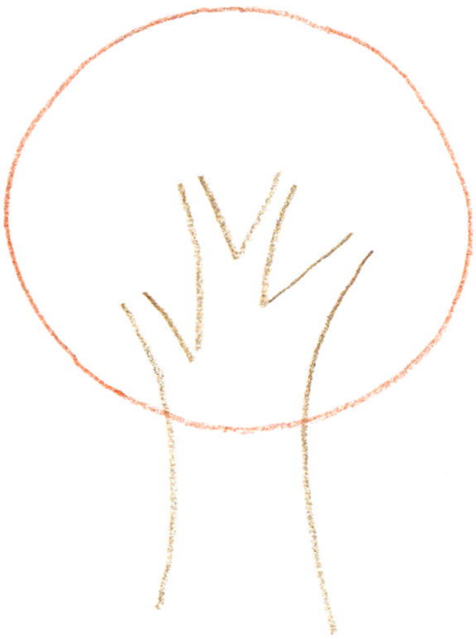

Un ***abeto*** *se dibuja de forma distinta que un árbol de hoja caduca, es decir, un árbol que pierde sus hojas en invierno.*

1 El abeto pertenece a las coníferas, y su forma básica es un **triángulo.** No se ve mucho del tronco, solo un pequeño **rectángulo.** El abeto nunca pierde sus hojas.

2 En la segunda imagen puedes ver cómo dibujar las ramas del abeto dentro del triángulo. ¡No es nada difícil!

3 Borra las líneas auxiliares y pinta el abeto con tus lápices de colores. ¡Terminado!

¿Te acuerdas del primer árbol?
¡Ahora vamos a convertirlo de forma
muy sencilla en un **manzano!**

¡Y así también funciona!

¿O prefieres un **peral?** Se hace así:

Aquí estoy de nuevo

Pero ahora por última vez, pues hemos llegado al final del libro.
Espero que te hayas divertido dibujando conmigo. Has aprendido un montón de cosas y ahora sabes que todo lo que uno quiere dibujar hay que observarlo antes detenidamente. Así se ven las formas básicas que pueden servir de ayuda para comprender las demás formas.
Si piensas un poco sobre ello, estoy seguro de que podrás dibujar muchas más cosas. ¡Si puedes dibujar el furgón de la policía de nuestro libro, podrás dibujar también un coche de bomberos! ¡Dibujar es divertido y además muy práctico! ¿O cómo crees que los arquitectos proyectan sus casas o los diseñadores de moda diseñan sus fantásticos vestidos? ¡Pues claro, siempre hacen un dibujo primero! ¡Te deseo que disfrutes mucho creando un montón de dibujos fantásticos!

Pablo

OTROS TÍTULOS PUBLICADOS

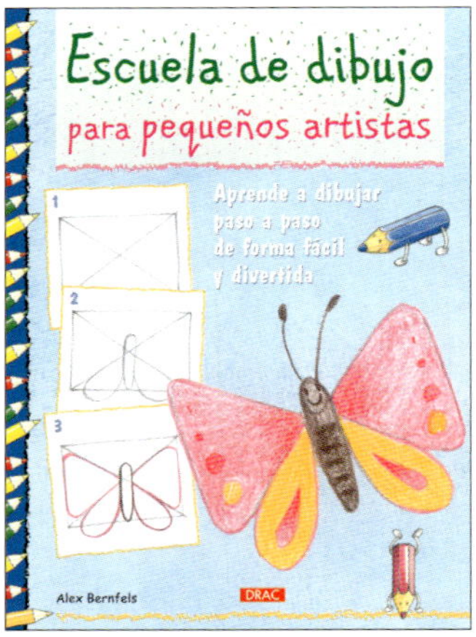

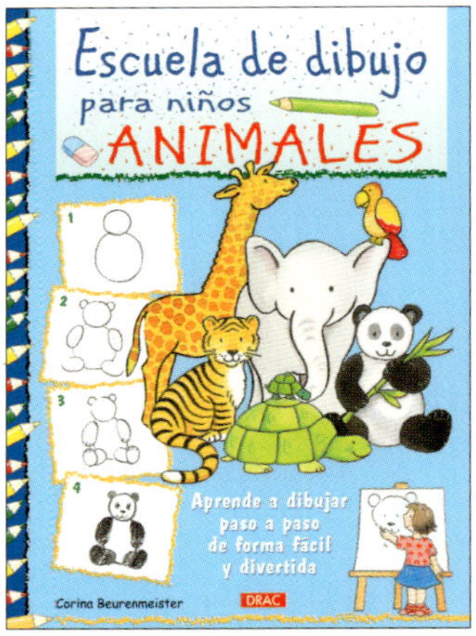